📖 주제

- 긍정과 부정   · 환경   · 대화

📖 활용 학년 및 교과 연계

초등 과정	2-1 국어	9. 생각을 생생하게 나타내요
	3-2 국어	3. 자신의 경험을 글로 써요
	4-2 사회	3. 사회 변화와 문화의 다양성
	5학년 도덕	3. 긍정적인 생활

초등 첫 인문철학왕 12
비상, 공포의 코비신이 떴다!

글쓴이 김일옥 | 그린이 타쿠 | 해설 한기호
기획편집 이정희 | 편집 박주원
디자인 문지현 | 생각 실험 디자인 이유리

펴낸이 이경민 | 펴낸곳 ㈜동아엠앤비
출판등록 2014년 3월 28일(제25100-2014-000025호)
주소 (03972) 서울특별시 마포구 월드컵북로22길 21, 2층
전화 (편집) 02-392-6901 (마케팅) 02-392-6900 | 팩스 02-392-6902
홈페이지 www.moongchibooks.com | Ch 뭉치북스 Instagram 뭉치북스

※ 잘못된 책은 구입한 곳에서 바꿔 드립니다.
※ 이 책에 실린 사진은 셔터스톡, 위키피디아, 게티이미지뱅크(코리아)에서 제공받았습니다. 그 밖의 제공처는 별도 표기했습니다.

도서출판 뭉치는 ㈜동아엠앤비의 어린이 출판 브랜드로, 아이들의 지식을 단단하게 만들어 주고,
아이들의 창의력과 사고력을 키워 주어 우리 자녀들이 융합형 사고뭉치와 창의뭉치로
성장할 수 있도록 좋은 책을 만들겠습니다.

'질문'의 힘! '생각'의 힘!
'미래 인재'로 가는 힘!

어린이와 학부모님들께 《초등 첫 인문철학왕》을 추천할 수 있어서 매우 기쁩니다. 어린이들이 이 시리즈를 통해 '나'에 대해, 나와 공동체 사이의 소통에 대해, 세상의 이치와 진리에 대해 마음껏 질문하고 생각하기를 바라기 때문입니다. 그렇게 되면 창의적으로 문제를 해결하는 힘 또한 커질 수 있다고 믿기 때문이지요.

'제4차 산업혁명의 시대'라는 말처럼 우리는 모든 것이 혁신적으로 변화하는 시대에 살고 있습니다. 스마트폰, 인공 지능, 첨단 로봇 등 새로운 기술과 지식이 나오는 속도도 이전과 비교할 수 없을 정도로 빨라졌지요. 세상에 넘쳐나는 지식과 정보는 이제 누구나 쉽게 구할 수 있고, 개인의 두뇌에 담아낼 수 있는 용량을 넘어선 지 오래입니다. 결국 이 시대의 아이들에게 필요한 것은 지식보다는 그 지식을 다루는 지혜와 창의성 아닐까요?

7차 교육과정 개정 이후 학교 교육도 이러한 시대 흐름에 맞추어 미래 사회가 요구하는 인문학적 상상력과 과학기술 창조력을 두루 갖춘 창의융합형 인재를 양성하는 것을 목표로 합니다.

'철학'은 '지혜를 사랑하는'이란 뜻을 가진 말입니다. 이 학문은 여러분처럼 모든 것에 호기심 많았던 철학자들로부터 시작됩니다. 아주 오래전부터 인간, 사회, 자연, 우주, 진리 등 다양한 분야에서 다른 사람들보다 더 깊이, 더 많이, 그리고 아주 끈질기게 했던 수많은 질문과 탐구를 하며 만들어졌습니다.

마치 높은 곳에 올라가면 마을 전체를 내려다볼 수 있는 넓은 시야를 얻게 되듯이, 철학을 한다는 것은 하나의 문제를 더 큰 눈으로 볼 수 있게 되는 것이랍니다. 그러면 어떤 점이 좋을까요? 더 넓게 보는 눈, 더 깊이 있게 보는 눈, 다른 사람들이 생각하지 못한 부분들을 상상하고 찾아낼 수 있는 눈이 생깁니다. 또 우리 앞의 문제들을 자신만의 창의적인 방법으로 해결할 수도 있고, 그 문제를 해결하다가 다른 더 큰 문제를 발견하여 미리 처리할 수도 있습니다.

《초등 첫 인문철학왕》은 바로 그러한 생각의 눈을 아주 활짝 열어 줄 것입니다. 주제와 관련된 재미있는 동화, 이와 연결된 깊이 있는 인문 해설과 철학 특강, 창의·탐구 활동 등으로 구성된 시리즈는 아이들이 세상에 넘쳐 나는 지식을 지혜롭게 다루는 힘을 길러서, 문제해결력을 갖춘 창의적 인재로 성장할 수 있게 해 줄 것입니다.

그러니 이 책을 읽으며 여러 분야에서 떠오르는 호기심과 질문들을 혼자만 가지고 있지 말고 친구, 가족과도 나누어 보시길 바랍니다. 모두가 질문하고 생각하는 힘이 생긴다면, 어려운 문제들을 함께 해결해 나가는 공동체를 만들 수 있겠지요?

이 책을 읽는 여러분들 모두, 그런 멋진 공동체를 하나둘 만들어 나가는 지혜로운 미래 인재가 되기를 기대합니다.

이지애 드림
(이화여대 철학과 부교수, 한국 철학교육 학회 회장)

초등 첫 인문철학왕
이렇게 활용하세요!

생각 실험

생각 실험은 어떤 사실을 알기 위해 여러 가지 실험과 사례를 연구하는 것이에요. 철학이나 자연 과학 분야 등에서 널리 사용되는 방법이에요. 권마다 주제에 관련된 실험, 유명한 인물의 사례 등을 읽으며 상상력과 문제 해결력을 키워 보세요.

만화 & 동화

40권의 인문 철학 주제별로 아이들의 생활 세계 속 이야기, 패러디 동화 등이 다양하게 펼쳐져요. 처음과 중간은 만화, 본문은 그림 동화로 되어 있어서, 재미난 이야기에 푹 빠질 수 있어요.

인문철학왕되기

오랫동안 어린이들과 함께 철학 수업을 연구하고 진행해 온 한국 철학교육연구원 소속 교수와 연구진들이 집필했어요.

소쌤의 철학 특강, 인문 특강, 창의 특강으로 구성되었어요. 주제와 이야기 안에 숨겨진 철학적 문제들에 대해 함께 답을 찾아갈 수 있도록 깊이 있는 토론과 특강, 그리고 재미있는 활동으로 구성되었어요.

난 질문하는 **소크라테스**! 문제를 해결할 수 있도록 도와주지!

난 **뭉치**. 같이 생각하고 토론하지!

난 늘 창의적인 **새롬**이!

난 생각이 깊은 **지혜**!

교과 연계

각 권마다 최신 개정 교과서 단원과 연계되어 교과 학습에 도움이 되도록 구성되었어요. 권별로 확인하세요.

이 책의 차례

추천사 4

구성과 활용 6

생각 실험 대책 없는 긍정은 오히려 독이 된다? 10

만화 멋진 뿔이 독이 된 사슴 20

동굴 속 코비신이 여행을 떠나요 22
- **인문철학왕되기1** 긍정과 부정은 무엇일까?
- **소쌤의 철학 특강** 긍정, 항상 좋은 것만은 아니다?

코비신은 너무 무서워요 38
- **인문철학왕되기2** 모든 것은 긍정적인 면과 부정적인 면을 함께 가지고 있다?
- **소쌤의 창의 특강** 항상 좋을 수만은 없고, 항상 나쁠 수만도 없어!

| 만화 | **코비신을 물리칠 방법을 찾아라** | 60 |

코비신이 시키는 대로 해야만 하나 ········· 66

| 인문철학왕되기3 | 항상 긍정적인 면과 부정적인 면 모두를 생각해 볼 것! |
| 소쌤의 인문 특강 | 나쁜 것이 좋은 것보다 강하다? |

코비신을 몰아내자 ········· 82

| 인문철학왕되기4 | 만일 나라면? |
| 창의활동 | 나의 장점과 단점은? |

생각실험

대책 없는 긍정은 오히려 독이 된다?

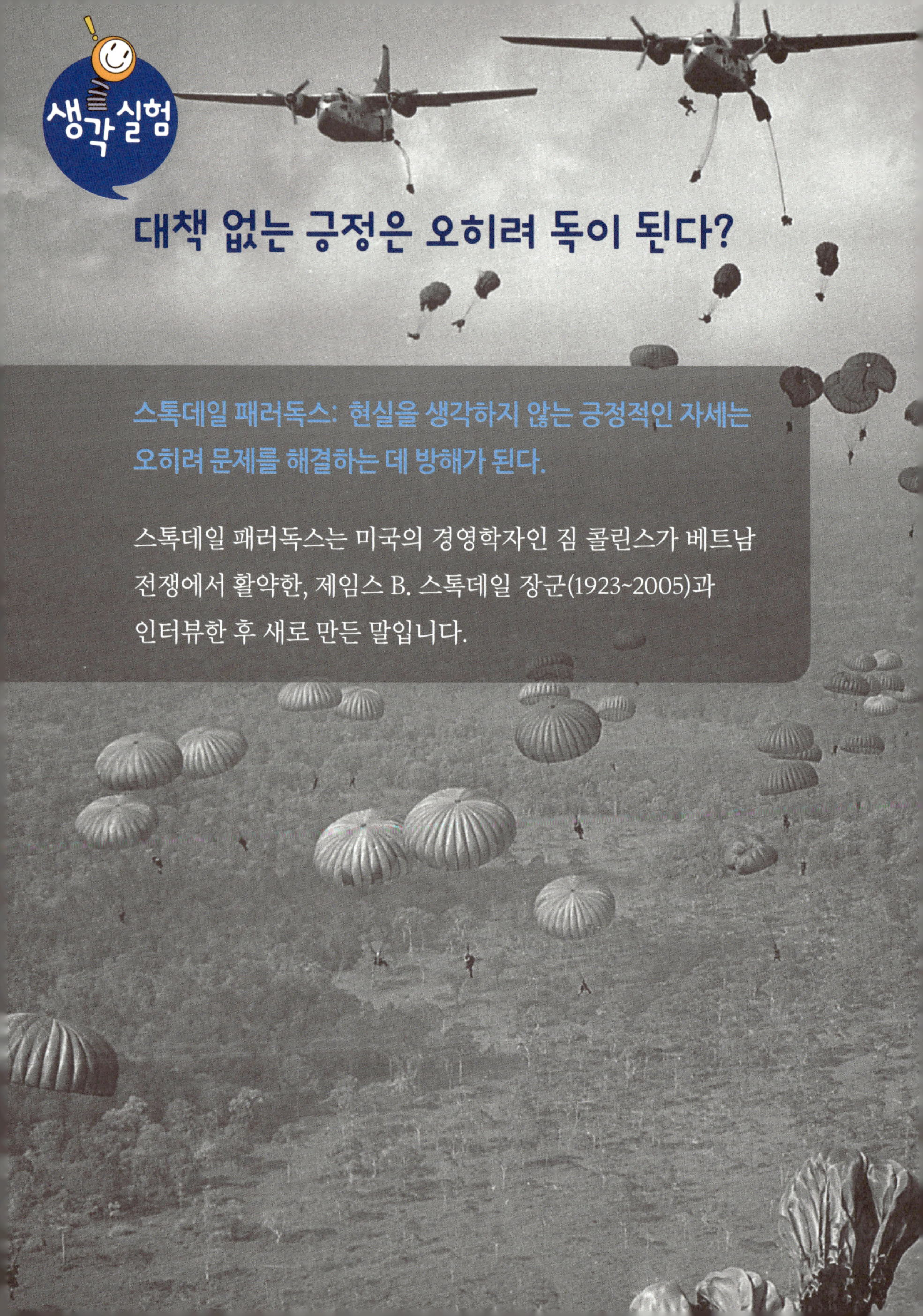

스톡데일 패러독스: 현실을 생각하지 않는 긍정적인 자세는 오히려 문제를 해결하는 데 방해가 된다.

스톡데일 패러독스는 미국의 경영학자인 짐 콜린스가 베트남 전쟁에서 활약한, 제임스 B. 스톡데일 장군(1923~2005)과 인터뷰한 후 새로 만든 말입니다.

1955년부터 1975년까지 20년간 이어진 베트남 전쟁은 분단된 남북 베트남 사이의 내전과, 남베트남을 지원한 미국과 북베트남이 벌인 전쟁까지를 말합니다.
미국의 스톡데일 장군은 베트남전에서 붙잡혀 하노이 힐턴 전쟁 포로수용소에서 약 8년간 포로로 지냈습니다.
최고위 장교였던 그였지만 전쟁 포로의 권리도 보장 받지 못한 채 4년간 좁은 독방에서 지냈어요.

포로로 잡히기
몇 주 전의 스톡데일

포로로 잡힌 다른 이들은 깊어진 상심으로
수용소 생활을 버티지 못했습니다.

그러던 중 1973년,
미국이 북베트남과 평화 협정을 체결했고
베트남에서 철수하게 됩니다.
그리고 마침내 스톡데일 장군은
여러 포로들과 함께 석방됩니다.

"스톡데일 장군이 무사히 돌아와서 정말 다행이야."

백악관에서 명예 훈장을 받는 스톡데일

스톡데일 장군은 포로 생활을 떠올리며 이렇게 말했습니다.

"수용소 생활을 견디지 못한 사람들은
곧 풀려날 거라고 긍정만 하던 낙관주의자들입니다.
그들은 '크리스마스 때까지는 나갈 거야.'라고 말하다가
크리스마스가 지나면 '부활절 때는 나갈 거야.'라고 말했지요.
그리고 부활절이 지나가면 다음에는 추수 감사절,
그리고 다시 크리스마스를 고대하다 결국
상심해서 죽었지요."

낙관주의: 세상과 인생을 희망적으로 밝게 보는 생각이나 태도.

그렇다면 어떤 사람이 잔혹한 포로 생활을 잘 견뎠을까요?
바로 '크리스마스 때까지는 나가지 못할 것이라고 생각하고
그에 **대비하는 사람들**'입니다.
지금의 현실을 정확히 깨닫고 미래를 준비하는 사람들이었죠.
힘든 현실에 잘 대비하고자 하는 노력도 없이,
잘될 것이라는 생각에만 취해 있으면 안 된다는
스톡데일의 경험이었습니다.

여러분은 긍정의 효과에 대해
어떻게 생각하시나요?

" 긍정적인 태도와 생각은 몸과 마음을 건강하게 만들어 준다고! 부정적인 것보다는 훨씬 나아. "

" 괜찮아질 거라는 껍데기뿐인 긍정은 도움이 되지 않아. 부정적인 상황에선 심각성을 알고 대책을 찾는 일이 중요해. "

멋진 뿔이 독이 된 사슴

이 이야기는 모든 일에는 긍정적인 면과 부정적인 면이 있다는 걸 알려 준단다.

버지니아는 머리에 난 뿔이 다른 사슴보다 더 크고 멋졌어요.

버지니아는 언제나 멋진 뿔 때문에 인기가 많아서 다른 사슴들과 함께 잘 어울려 놀았어요.

그들은 종종 사람들이 농사를 짓는 들판까지 내려와 뛰놀곤 했어요.

 ## 동굴 속 코비신이 여행을 떠나요

저 멀리, 어느 작고도 이상한 나라의 깊은 동굴에는 코비신이라고 불리는 가족이 살고 있었어요. 코비신 가족에는 할머니 코비신, 아빠 코비신, 엄마 코비신, 그리고 아기 코비신이 있답니다. 이렇게 네 명으로 이루어진 가족이 오손도손 즐겁게 잘 지내는 모습, 상상이 되나요?

글쎄요, 그들은 대부분의 시간을 자신들의 동굴에서 잠을 자며 보내요. 코비신들이 사는 곳은 정말 따분하고 조용한 곳이니까요. 그들은 가끔씩 잠에서 깨어나면 동굴 근처를 돌아다녀요. 어슬렁어슬렁거리며 주변을 둘러보아도 재미있는 건 하나도 없어요.

아기 코비신은 항상 생쥐가 놀러 오길 기다리고 기다렸어요.

"생쥐야, 생쥐야. 우리 집에 놀러 와. 나랑 같이 놀자."

하지만 한 번도 생쥐는 코비신의 동굴에 놀러 오지 않았어요. 기다리는 건 너무 지루했어요.

그러던 어느 날, 쿨쿨 잠을 자던 아기 코비신이 눈을 번쩍 떴어요. 껌벅껌벅 눈을 깜박이다가 동굴 밖으로 나왔지만 바깥엔 여전히 아무것도 없었지요.

"심심해."

아기 코비신은 작은 소리로 중얼거렸어요. 하지만 여전히 주변은 무서우리만치 조용했어요.

그래서 아기 코비신은 크게 소리쳤어요.

"심심해! 나 심심하다고!!"

온 사방에 소리가 쩌렁쩌렁 울려 퍼졌어요. 그 바람에 잠을 자던 코비신 가족이 다들 잠에서 깨어났답니다.

"심심하면 밖으로 나가서 놀지 그러니?"

할머니 코비신이 졸린 눈을 비비며 말했어요.

"밖에 나가도 아무도 없어."

"오늘은 무언가 새로운 게 있을지도 몰라."

"없어. 어제도 없고 오늘도 없었어! 앞으로도 새로운 건 하나도 없을 거야."

할머니 코비신이 아기 코비신을 안아 주었어요.

"왜 그런 부정적인 생각을 하니? 앞으로 어떤 일이 일어날지는 아무도 모르는 거란다."

"생쥐 한 마리도 놀러 오지 않는데 뭘."

할머니 코비신은 곰곰이 생각했어요.

"그럼 우리 아기가 먼저 생쥐를 찾으러 가 볼까?"

아기 코비신도 잠시 고민했지만 이내 고개를 저었어요.

"어디 사는지도 모르는걸. 그리고 생쥐는 금방 죽어 버려."

엄마 코비신과 아빠 코비신이 아기 코비신을 타이르듯 말했어요.

"그건 우리가 병을 일으키는 신비한 능력이 있기 때문이야. 그러니까 생쥐를 손으로 만지지 않도록 조심해야 해."

"생쥐는 너무 작고 귀여워서 만지고 싶단 말이야."

"생쥐는 누군가 자기를 만지는 걸 싫어해. 생쥐랑 같이 잘 지내려면 손을 대지 말아야 한단다."

"네…… 알겠어요."

아기 코비신은 직접 생쥐를 찾아가기로 했어요. 생쥐 친구에게 줄 맛있는 간식도 챙겨서 황량한 들판으로 향했어요. 그런데 들판 위에는 전에는 보이지 않던 검은 먼지구름이 가득했어요. 검은 먼지구름은 바람이 불면 흩어졌다가 바람이 잠잠해지면 다시 몰려들었어요.

"저게 뭐지?"

아기 코비신은 들판을 지나가던 토끼에게 물었어요.

'으악, 무서운 코비신이다.'

토끼는 두려워서 몸을 부들부들 떨었지만 대답은 곧잘 했어요.

"공장 굴뚝에서 나오는 검은 연기가 모여 있는 거랍니다. 요즘 저 연기 때문에 숨을 제대로 쉴 수가 없어요."

토끼는 입안이 답답한지 침을 뱉었어요. 토끼가 뱉어낸 침 속에는 검은 가루가 가득했어요.
"코비신님도 이렇게 검은 먼지가 가득한 날에는 집 밖으로 나오지 마세요."
말을 마친 토끼는 잽싸게 달아나 버렸어요.

검은 먼지 구름 때문인지 아기 코비신도 목이 따끔거렸지만, 아기 코비신은 귀여운 생쥐가 보고 싶었어요. 챙겨 온 간식을 생쥐에게 꼭 주고 싶었거든요.

아기 코비신은 생쥐 친구들이 잘 나타난다는 곳으로 걸어갔어요.

들판 곳곳에는 생쥐 구멍이 있었어요. 그곳에서 한참을

기다리다 보면 생쥐가 코를 내밀곤 했지요. 빼꼼빼꼼 구멍 밖으로 생쥐들이 나왔다 들어갔다 하는 게 재미있었어요.

그런데 오늘은 아무리 기다려도 생쥐가 보이지 않았어요.

"검은 먼지구름 때문인가? 생쥐가 집 밖으로 나오질 않네."

실망한 아기 코비신이 발길을 돌려 집으로 돌아가려고 하던 그때였어요.

어디선가 켁켁 하는 소리가 들렸어요. 소리가 나는 쪽을 보았더니 털이 매끄럽고 귀여운 생쥐가 있는 게 아니겠어요?

"생쥐야!"

반가운 마음에 아기 코비신은 생쥐에게 달려갔어요.

"너, 이거 먹을래?"

아기 코비신은 준비해 온 간식을 꺼내려다 깜짝 놀랐어요. 생쥐 친구가 입에서 검은 거품을 뱉어 내고 있었어요. 거품을 물다 바닥에 쓰러진 생쥐는 그대로 죽었어요.

 아기 코비신은 너무 놀라 어쩔 줄 몰랐어요. 쿵쾅쿵쾅 뛰는 심장이 진정되지 않았죠.
 "할머니가 생쥐들은 만지는 걸 싫어한다고 해서 만지지도 않았어. 병에 걸리라고 주문을 외우지도 않았단 말이야. 그런데 왜 죽었지?"
 아기 코비신은 저절로 고개가 푹 숙여졌어요. 혹시 나 때문에 생쥐가 죽은 게 아닌가 속상했어요. '이제는 더 이상 생쥐랑은 놀 수 없겠구나.' 하고 생각했어요.

'너무, 너무 심심해지면 아주 멀리서 생쥐들이 노는 걸 숨어서 보기만 해야겠다.'

아기 코비신은 코비신들이 가지고 있는 신기한 능력, 다른 동물들에게 병을 생기게 하는 힘이 싫어졌어요. 이 힘 때문에 언제나 코비신들은 혼자 있어야만 하니까요.

그런데 들판 곳곳에서 생쥐 말고도 다른 동물들이 검은 거품을 뱉어 내면서 쓰러지고 있었어요. 덩치가 작은 생쥐는 얼마 버티지 못하고 죽어 버리고, 토끼는 콜록콜록하며 뛰어가고, 여우는 검은 침을 퉤 하고 뱉었어요.

동물들은 모두 이렇게 중얼거렸어요.

"으윽, 지긋지긋한 검은 연기!"

아기 코비신은 하늘 가득 모여 있는 검은 구름을 쳐다보았죠.

"설마 저 검은 구름 때문에 생쥐가 죽은 거야?"

아기 코비신도 점점 화가 났어요.

"도대체 누가 저런 구름을 만들어 내는 거야!"

아기 코비신은 화가 머리 끝까지 나서 집으로 달려갔어요.

정체 모를 검은 구름 이야기를 들은 코비신 가족은 깜짝 놀랐어요. 이대로 가만있어서는 안 되겠다고 생각했어요. 내버려 두면 들판에 동물들이 한 마리도 남아 있지 않을지도 몰라요. 어서 빨리 검은 먼지구름을 없애야 해요. 그러기 위해서는 우선 누가, 왜 저런 검은 구름을 만들어 내는지 알아야만 했어요.

코비신 가족은 바람이 불어오는 곳에 가 보기로 했어요. 할머니 코비신은 난생 처음 보는 검은 구름이 심상치 않다고 했어요.

"찾다가 못 찾으면 그냥 돌아오렴."

"걱정마세요. 할머니, 잘 다녀올게요."

이렇게 해서 엄마 코비신, 아빠 코비신, 아기 코비신은 집을 떠나 먼 여행길에 올랐답니다. 동굴 밖으로 나온 코비신 가족은 걷고 또 걸었어요. 들판을 지나가며 동물들에게 물어 보았지요.

"검은 연기가 어디에서 나오는지 아시나요?"

"정확한 위치는 모르지만 바람이 불면 저쪽에서 날아오던걸."

동물들이 가리킨 방향으로 계속해서 걷다 보니 어느새 하늘이 어두워졌어요. 그러던 중, 하늘을 날던 박쥐들이 코비신 가족에게 말을 걸었어요.

"검은 연기의 출처를 찾고 있다지? 그건 그렘린 마을에 있는 공장에서 나와."

그렘린이라고요? 코비신들은 그렘린이라는 요정을 처음 들어 보았어요. 박쥐들은 그렘린에 대해 설명도 해 주었어요. 그렘린은 아주 높은 산에 사는 요정인데, 그들은 기계로 무언가 만들기를 좋아한대요. 마을에 모여 살며 매일 맛있는 걸 먹고, 예쁜 옷을 입고 신나게 논대요. 그런데 그렘린들은 똑같은 걸 싫어해서 매일 새로운 옷을 입고, 새로운 음식을 먹고 싶어 한다고 했어요.

"어떻게 매일 새로운 것이 생겨나죠?"

"공장에서 매일 새로운 것을 만들어 내니까."

그렇군요. 그렘린 마을의 공장에서 새로운 것을 너무 많이 만들어 내느라 굴뚝에서 연기가 나는 거였어요.

코비신 가족은 박쥐가 알려 준 길을 따라 계속 걸어갔어요. 그러다가 드디어 그렘린 마을이 있다는 높은 산에 도착했어요. 산 아래에는 마을로 올라가는 길고 긴 계단이 있었어요.

"이 계단을 올라가면 되는 걸까?"

그때 코비신 가족 머리 위로 검은 봉지가 툭 떨어졌어요.
"조심해!"

긍정과 부정은 무엇일까?

긍정과 부정은 정확히 무슨 뜻인가요?

표준국어대사전에 따르면, 긍정은 '그러하다고 생각하여 옳다고 인정함.'이라는 뜻이란다. 부정은 '올바르지 아니하거나 옳지 못함.'이라는 뜻이고.

엇, 그러면 긍정과 부정은 서로 반대되는 개념이네요? 좋은 것과 나쁜 것이라고 할 수 있겠어요.

맞아요. 지혜는 저한테는 천사 같지만, 뭉치에게는 악마 같거든요.

그렇지. 하지만 서로 반대되는 것처럼 보여도 긍정과 부정, 좋은 것과 나쁜 것은 사람 한 명에게 동시에 있을 수 있단다.

뭐? 나한테만 그런 거였어?

오, 그러네. 그러고 보면 하나의 사물이나 일이 완전히 반대되는 특징을 갖는 경우도 많이 있는 것 같아.

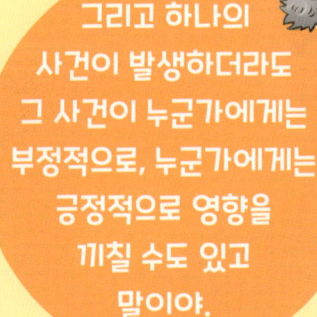
그리고 하나의 사건이 발생하더라도 그 사건이 누군가에게는 부정적으로, 누군가에게는 긍정적으로 영향을 끼칠 수도 있고 말이야.

긍정, 항상 좋은 것만은 아니다?

'피그말리온 효과'라는 말을 들어 보았니? 피그말리온 효과는 무언가에 대한 사람의 믿음, 기대, 예측이 실제로 일어나는 경향을 말해.

샌프란시스코의 초등학교에서 지능 테스트를 했어. 선생님에게는 앞으로 성적이 오를 학생이 몇 명인지를 조사하기 위한 시험이라고 말했지. 그러나 실제 조사의 목적은 이게 아니었어. 실험자들은 무작위로 학생을 뽑아서 선생님에게 이 학생들이 앞으로 성적이 오를 거라고 예상되는 아이들이라고 말했어. 선생님은 그 말을 믿고 그 학생들에게 기대를 품었지. 실제로 그 학생들은 성적이 향상되었어. 담임 선생님이 이 학생들에게 품은 기대가 학생들에게 고스란히 느껴졌고, 학생들은 기대에 부응하기 위해 더 열심히 공부를 했다는 거야. 이 실험은 '피그말리온 효과'를 보여 주는 대표적인 예시지.

그리스 신화에 나오는 인물, 피그말리온은 조각상과 사랑에 빠졌어. 조각상이 아내가 되게 해 달라고 간절히 빌자 조각상은 진짜 사람으로 변했고, 둘은 결혼해서 딸을 얻었어. 피그말리온 효과는 여기에서 나온 말이라고 해.

하지만
긍정이 무조건
좋은 것이라고
말할 수는 없어.

불안 장애 및 최면 치료 전문 심리학자 안토니오 로델러의 말에 따르면, 우리는 부정적인 감정 또한 받아들이고 인정해야 한다고 해. 우리의 감정은 매우 다양하고 저마다의 감정 모두 쓰임새가 있기 때문이지. 슬픔, 절망, 분노, 불안 등의 부정적인 감정들은 지금 우리에게 어떤 일이 벌어지고 있는지를 보다 정확히 알 수 있게 해 줘.

예를 들면, 뜻밖의 좋지 않은 소식이나 재난 상황을 마주했을 때 우리는 부정적인 감정을 느끼고 불편해 하지. 이때 억지로 긍정적인 사고를 하면서 불편한 소식에 귀를 닫아 버린다는 거야. 세상의 좋은 면만을 보려 하면서 그 속에 감춰진 어두운 면을 애써 무시하게 되면 오히려 작은 위기가 걷잡을 수 없는 큰 재앙으로 변할 수 있어.

코비신은 너무 무서워요

코비신 가족의 머리 위에 툭 떨어진 검은 봉지는 쓰레기봉투였어요. 그렘린들이 쓰레기를 산 아래로 던지고 있었죠. 바닥으로 떨어진 쓰레기봉투는 펑 터지면서 사방으로 튀었어요. 코비신 가족은 쓰레기를 맞지는 않았지만 구정물을 흠뻑 뒤집어썼어요. 냄새도 고약했지요. 놀란 코비신 가족은 얼른 계단으로 올라갔어요.

그러자 계단이 '웅웅' 소리를 내면서 위로 움직였어요.

자동으로 움직이는 에스컬레이터였죠. 코비신 가족은 생전 처음 타 보는 에스컬레이터가 마냥 신기하기만 했어요. 자신들이 구정물을 흠뻑 뒤집어썼다는 것도 잊을 정도였죠.

산 위로 올라간 에스컬레이터는 커다란 문 앞에 멈추었어요. 바로 그렘린 마을로 들어가는 문이었어요. 코비신들은 그 문이 열리길 한참을 기다렸답니다.

얼마나 기다렸을까요? 갑자기 문이 열렸어요. 그러고는 그렘린 하나가 툭 튀어 나왔어요. 마을의 문지기 그렘린이었지요. 문지기 그렘린은 코비신 가족을 보고 깜짝 놀랐어요.

"엥? 너희들 뭐야?"
"우리는 코비신이다."
"코비신? 그게 뭔데?"

문지기 그렘린은 인상을 찌푸렸어요. 코비신들에게서는 고약한 냄새가 나고, 옷에 얼룩도 묻어 있었어요. 그렘린은 지저분해 보이는 코비신들이 싫었어요. 그게 다 자신들이 산 아래 바닥으로 떨어뜨린 쓰레기 때문이라는 것도 모르고요.

"코비신은 그냥 코비신이야. 우리는 너희들 공장에서 몸에 나쁜 검은 연기를 뿜어낸다는 걸 알고 왔다. 너희들은 공장을 다 없애야만 해."

아빠 코비신이 이렇게 말하자, 문지기 그렘린은 어이가 없었어요. 다짜고짜 찾아와서는 공장을 없애라니요.

"싫은데."

문지기 그렘린 말에 코비신들은 흠칫 놀랐어요. 다른 동물들에게서 싫다는 말을 처음 들어 보았기 때문이었죠. 들판의 동물들은 항상 "네, 알겠습니다."라고 대답했어요. 그게 다 코비신이 무서워서 그랬다는 걸 몰랐지만요.

"내 말을 듣지 않으면 아주 혼쭐을 내 주겠다."

아빠 코비신이 험악한 표정을 짓자 문지기 그렘린은 갑자기 겁이 났어요.

그러고 보니, 코비신이라는 게 무엇인지는 모르겠지만 예전에 마을을 찾아왔던 마마신들과 비슷했어요. 마마신들도 코비신들처럼 갑자기 마을에 들어와 이래라저래라 온갖 일에 간섭을 해 댔죠. 저들의 말을 들어주지 않으면 마을에 나쁜 병을 퍼뜨리기도 했어요. 그 때문에 많은 그렘린들이 병에 걸려 죽었답니다. 간혹 운 좋게 살아남아도 온몸에 얼룩덜룩한 흉터가 생겼어요.

그래서 그렘린들은 아주 오랫동안 마마신을 무서워했어요. 화가 난 그렘린들은 마마신을 없앨 방법을 찾기 시작했고, 결국 마마신들에게 치명적인 약을 만드는 데 성공했답니다. 그렘린들은 이걸 '마마신과의 전쟁'이라고 불렀어요. 마마신들은 그때 모두 사라진 줄 알았는데, **설마 또 다른 마마신이 있었던 걸까요?**

문지기 그렘린은 작게 물어보았어요.

"혹, 혹시 마마신이십니까?"

"마마신? 그건 누구지? 우리는 코비신이다."

문지기 그렘린은 '휴- 다행이다.' 싶었어요. 마마신이 아니라면 무서울 게 하나도 없었죠.

"아, 네 그렇군요. 그렇다면 썩 꺼지세요."

문지기 그렘린은 손을 휘저으면서 코비신 가족을 쫓아내려고 했어요. 무슨 일로 그렘린 마을에 왔는지 모르겠지만 수상한 코비신 가족을 마을로 들일 수는 없었어요. 게다가 코비신들은 너무 지저분하잖아요. 구정물이 뚝뚝 떨어지는 옷으로 마을을 돌아다니면 마을을 청소하는 깔끔이 그렘린이 아주 화를 낼 거예요.

문지기 그렘린은 자기 손에 더러운 게 묻을까 봐 막대기를 들고 코비신을 꾹꾹 밀어냈어요.

"저리 가라고요."

그렘린들은 자기들이 세상에서 제일 똑똑하고 힘이 센 요정이라고 생각해요. 그래서 다른 동물들에게 약간 제멋대로 구는 경향이 있지요. 그런데 아무리 막대기로 밀어도 아빠 코비신이 꼼짝을 안 하는 거예요. 문지기 그렘린은 무언가 이상하다고 느꼈어요.

한편 코비신들은 누군가가 자기를 막대기로 찌를 수도 있다는 걸 생각해 본 적도 없어요. 벙쪄 있던 코비신들도 점점 화가 끓어올랐어요. 옆에 서 있는 엄마 코비신의 눈도 이글이글 불타기 시작했어요. 아기 코비신의 몸도 벌겋게 달아올랐고요. **코비신들이 제대로 화가 난 거예요.**

문지기 그렘린은 갑자기 기침을 하기 시작했어요. 기침을 할 때마다 머리가 울렸어요. 가슴도 찢어질 듯 아팠고요.

문지기 그렘린은 코비신들이 얼마나 힘이 센지도 몰랐고, 코비신들도 마마신처럼 병을 퍼뜨리는 신기한 능력이 있다는 것도 몰랐어요. 그냥 갑자기 자기 몸이 아프다는 게 너무 이상했어요.

문지기 그렘린이 바닥으로 쓰러지자 코비신들이 달려들었어요. 화가 잔뜩 난 코비신들은 그렘린을 주먹으로 때리기도 하고 귀를 잡아당기기도 하고 이빨로 깨물기도 했어요. 문지기 그렘린은 아주 곤죽이 되어 쓰러졌어요.

"자 이제, 우리 말을 안 들으면 어떤 꼴을 당하는지 알겠지?"

문지기 그렘린은 코피를 줄줄 흘리면서 고개를 끄덕였어요. 코비신들은 마마신보다 더 무섭고 고약한 녀석들이었어요.

"어서 빨리 문을 열어라!"

아빠 코비신의 말에 문지기 그렘린은 순순히 문을 열었어요.

'저들은 고작 세 명이야. 그러니 마을에 데리고 들어가도 괜찮을 거야.'

문지기 그렘린은 코비신 가족을 데리고 마을로 들어왔답니다. 문지기 그렘린은 비틀비틀 걸어가면서 친구들이 어디 있는지 곁눈질로 찾았어요. 친구들은 반드시 자신을 도와줄 거예요.

문지기의 생각처럼 마을의 그렘린들은 깜짝 놀라 달려왔어요.

"문지기야! 괜찮아?"

"너 왜 그래?"

"이 녀석들은 누구야?"

문지기 그렘린의 눈에는 눈물이 글썽글썽 차올랐어요. 하지만 계속 기침이 나와서 말을 할 수가 없었어요.

"콜록 콜록 콜록, 어어……."

힘이 하나도 없지만 친구들에게 이 녀석들이 얼마나 못된 녀석들인지 알려 주고 싶었어요.

'마마신만큼이나 무서운 녀석들이야.'

하지만 코비신 가족이 무서워서 꼼짝달싹 할 수 없었어요.

"어서 빨리 병원으로 가자."

"네 녀석들이 내 친구를 때렸어?"

"왜 그랬어?"

화가 난 그렘린들이 코비신 가족을 다그쳤어요.

"이 녀석이 나를 막대기로 밀었기 때문이지."

코비신 가족도 하고 싶은 말이 많았어요. 하지만 그렘린들은 막무가내로 코비신 가족을 구석으로 몰아넣었어요. 그들이 보기에 코비신들은 난데없이 나타나 자신들의 친구를 때린 아주 못된 녀석들일 뿐이었죠. 두 번 다시 이런 짓을 하지 못하도록 아주 혼쭐을 내야만 한다고 생각했어요.

코비신들은 구석으로 몰리자 함께 주문을 외우기 시작했어요.

"수리 수리 마수리, 병원균이여 퍼져 나가라! 폐를 찔러라."

그러자 그렘린들은 모두 가슴을 움켜쥐며 바닥에 쓰러졌어요.

누군가 날카로운 바늘로 가슴을 찌르는 것만 같았어요.

"아이고…… 아이고…… 아파라."

코비신들과 그렘린들이 싸우고 있다는 소식은 금방 마을로 퍼져 나갔어요. 소식을 들은 마을의 장로님이 다른 그렘린들과 함께 달려왔어요.

"이게 무슨 일인가?"

"세상에나!"

그렘린들은 너무나도 놀라 입이 쩍 벌어졌어요. 그렘린들이 가

슴을 움켜쥐고 바닥에 쓰러져 있다니!

누군가 겁에 질린 목소리로 외쳤어요.

'마, 마마신이다!'

설마 사라졌다는 마마신이 돌아온 걸까요? 그렘린들은 겁에 질린 눈으로 코비신들을 바라보았어요.

장로님이 조심스럽게 물었어요.

"자네들은 누구인가? 혹시 마마신들인가?"

코비신들은 아주 짜증이 났어요. 왜 자꾸만 자신들에게 마마신들이냐고 물어보는 걸까요?

"우리는 코비신이다."

마마신이 아니라 일단은 다행이었어요. 하지만 코비신들은 마마신보다 더 힘 세고 나쁜 녀석들인 것 같아 보였어요. 그렇다면 정말 큰일인 거죠. 뒤쪽에 서 있던 그렘린들은 어찌할 바를 몰라 웅성거렸어요.

그러자 장로님이 다시 물었어요.

"자네들은 왜 우리 마을에 들어와서 이런 행패를 부리는 건가?"

행패라니, 코비신 가족은 어처구니가 없었어요. 그들은 받은 대로 돌려주었을 뿐이라고 생각했어요.

"나쁜 건 너희 그렘린들이다. 너희는 공장 굴뚝에서 검은 연기를 마구 뿜어냈지. 그래서 들판의 동물들이 죽어 가고 있어."

아기 코비신도 외쳤어요.

"맞아. 그래서 내 친구 생쥐도 죽었어! 너희 때문이야."

그렘린들은 코비신 가족이 하는 말을 전혀 이해할 수 없었어요. 공장 굴뚝에서 연기가 나오긴 하지만 바람이 불면 사라졌는걸요. 그때 초록이 그렘린이 중얼거렸어요.

"아~ 언젠가 나는 이런 날이 올 줄 알았어."

초록이 그렘린은 평소에도 공장에서 물건을 더 이상 만들어 내면 안 된다는 엉뚱한 소리를 하곤 했어요. 하지만 아무도 그의 말을 들어 주지 않았어요.

장로님이 잠시 생각에 잠겨 있다가 코비신 가족에게 말했어요.

"어떻게 된 일인지 알아볼 터이니, 그동안 마을 회관에 좀 머물러 있게나."

장로님이 눈짓을 하자 그렘린들은 발 빠르게 움직였어요. 아파서 쓰러진 그렘린들을 병원으로 데려갔고, 코비신들을 마을 회관으로 데려갔어요. 장로님은 모두들 웬만하면 코비신 근처에는 얼씬도 하지 말라고 그렘린들에게 알렸어요.

"내가 보니 이들은 마마신처럼 병을 퍼뜨리는 역신이요. 어쩌면 코비신은 마마신보다 더 무서운 녀석들일지도 모르오."

"역신이라니! 그럼 정말 무서운 녀석들이 아닌가요?"

그러자 똘똘이 그렘린이 외쳤어요.

"하지만 우리에게는 코비신을 없앨 빨간 약이 있지 않습니까?"

그러자 약제사 그렘린은 고개를 흔들었어요.

"마마신에게는 효과가 있었지만 코비신에게도 효과가 있을지는 장담할 수 없습니다."

약제사의 말에 그렘린들은 크게 술렁였어요. 모두들 전염병이 얼마나 무서운 것인지 알고 있었어요. 코비신이 마마신처럼 전염병을 일으킨다면 모두가 아파서 쓰러지거나 죽게 될 거예요.

한편 그렘린들을 따라 마을 회관으로 가던 코비신들은 그렘린 마을에 있는 모든 게 다 신기하기만 했어요. 마을의 집들은 모두 크고 높았어요. 길에는 생전 처음 보는 차들이 씽씽 다녔어요. 게다가 그렘린들이 갖고 있는 물건들은 모두 예쁘고 신기해 보였어요.

"우아, 정말 신기하다. 여기는 완전 새로운 세상이구나!"

아기 코비신 말에 아빠 코비신이 고개를 흔들었어요.
"하지만 이 마을 때문에 동물들이 죽어 가는 걸 잊으면 안 돼."
마을 회관까지 따라온 그렘린들은 아주 친절했어요.
"식사하시기 전에 차라도 한잔 드세요."
보기엔 먹음직스러운 새빨간 차였죠. 하지만 사실 그 차는 옛날 그렘린의 마을에서 행패를 부리던 마마신들의 마법도 사라지게 한 신비한 물약이었어요.
코비신 가족은 밥을 빨리 먹고 싶은 마음에 얼른 차를 마셨어요. 그런 모습을 약제사 그렘린은 조심스럽게 지켜보았어요. 하지

만 이게 어쩐 일일까요?

"으웩, 맛없어."

아기 코비신은 차를 퉤 하고 뱉어 버렸어요. 아빠와 엄마 코비신은 차를 뱉지는 않았지만 역시나 맛이 없는지 인상을 찌푸렸어요. 그리고는 어서 빨리 밥을 가지고 오라고 재촉했어요.

약초사 그렘린은 남몰래 한숨을 쉬었어요. 물약은 코비신들에게 전혀 효과가 없는 게 분명했어요.

이 일을 어쩌면 좋죠?

인문철학 왕 되기

② 모든 것은 긍정적인 면과 부정적인 면을 함께 가지고 있다?

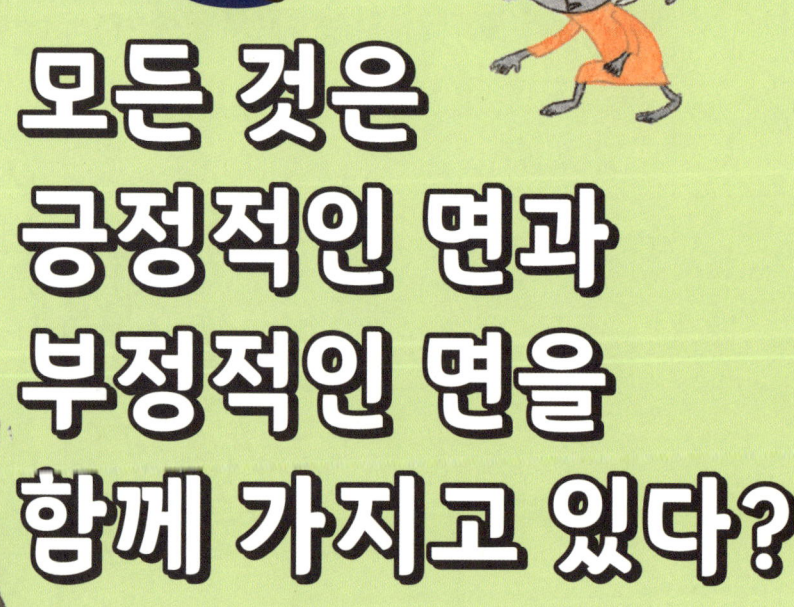

좋은 점과 나쁜 점이 동시에 있는 공장은 없애야 하나요, 있어야 하나요?

공장은 우리에게 꼭 필요한 것들을 만들어 주니까, 필요한 것이기는 해.

공장이 환경 오염의 주범이라는데, 공장을 없애야 하는 거 아니야?

봄만 되면 미세 먼지 때문에 숨쉬기도 힘들고 밖에서 놀지도 못하잖아요. 그것들이 자동차와 공장에서 나오고요. 자동차와 공장만 없어도 우리 환경은 무척 좋아질걸요?

하지만 공장은 꼭 필요해요. 집에는 냉장고, 세탁기, 밥솥이 필요하고, 멀리 가기 위해 자동차나 비행기도 필요한데, 이런 것들이 없다면 살아갈 수 있을까요? 휴, 생각만 해도 끔찍해요.

뭉치야. 공장에 무슨 잘못이 있지?

뭉치 말대로 공장이나 자동차가 한 가지 성질만 갖는다면 좋을 텐데. 좋은 점, 안 좋은 점 모두 있으니 어떻게 해야 할지 어렵구나. 좀 더 생각해 봐야겠다.

그럼 어떡하죠? 환경 오염도 해결해야 할 문제이지만 공장에서 만들어지는 물건들도 우리가 살아가는 데 꼭 필요한 것들이 잖아요.

항상 좋을 수만은 없고, 항상 나쁠 수만도 없어!

한 가지 일에 좋은 점과 나쁜 점이 모두 있는 것과 관련된 이야기를 하나 들려줄게.

옛날 옛적 어느 바닷가 마을에 소금 장수와 우산 장수 형제가 사이좋게 살고 있었지. 소금 장수 형은 바닷가에서 소금을 만들어 방방곡곡을 돌아다니며 파는 일을 했어. 우산 장수 아우는 대나무로 만든 우산을 만들어 파는 일을 했고.

그런데 그 형제의 나이 많은 어머니는 하루도 마음 편할 날이 없었단다. 이유는 날씨 때문이었어. 햇볕이 쨍쨍하게 맑은 날은 소금이 잘 만들어져서 좋았지만 우산 장수 동생의 장사가 안 돼서 걱정스러웠지.

반대로 비가 오는 날에는 우산 장수 동생이 우산을 많이 팔 수 있어서 좋았지만 형이 소금을 만들 수 없어서 가슴이 아팠어. 그래서 어머니는 비가 오나 해가 뜨나 늘 걱정이었단다.

이처럼 우리 주변에서 일어나는 모든 일에는 장점과 단점이 있단다. 소금 장수와 우산 장수의 이야기처럼 어떤 일이 누군가에게는 좋은 일이지만 다른 누군가에게는 나쁜 일이 되는 경우는 의외로 많이 있을 것 같구나. 눈이 오면 어린이들은 무척 좋아하지만 운전하는 어른들은 불편해하는 것처럼 말이지. 또 어떤 것들이 있는지 찾아서 써 볼까?

내 생각에는 말이야.

_____

_____

_____

_____

_____

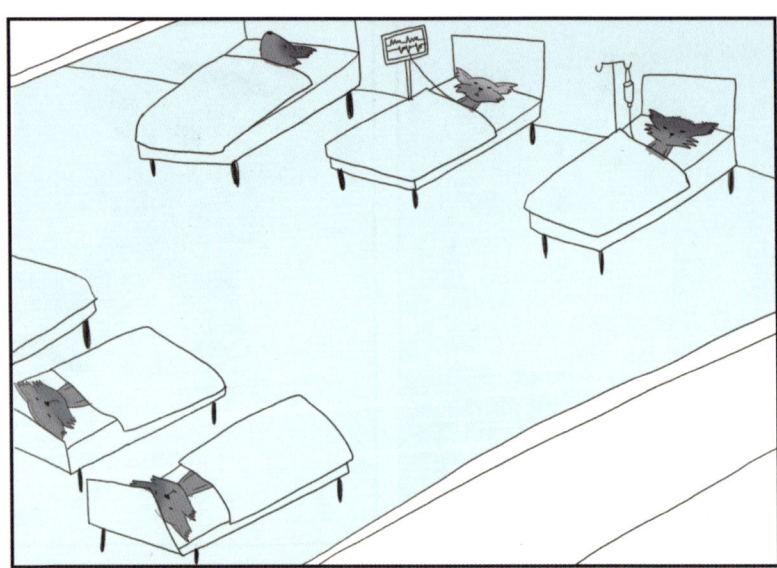

밥을 주지 말자고 강하게 주장을 하던 깔끔이가 의견을 굽혔어요. 결국 직접 코비신들에게 밥을 가져다 주기로 했어요.

깔끔이는 코비신들에게 밥을 가져다 주면서 그들이 무엇을 좋아하고 싫어하는지 관찰하려고 했어요.

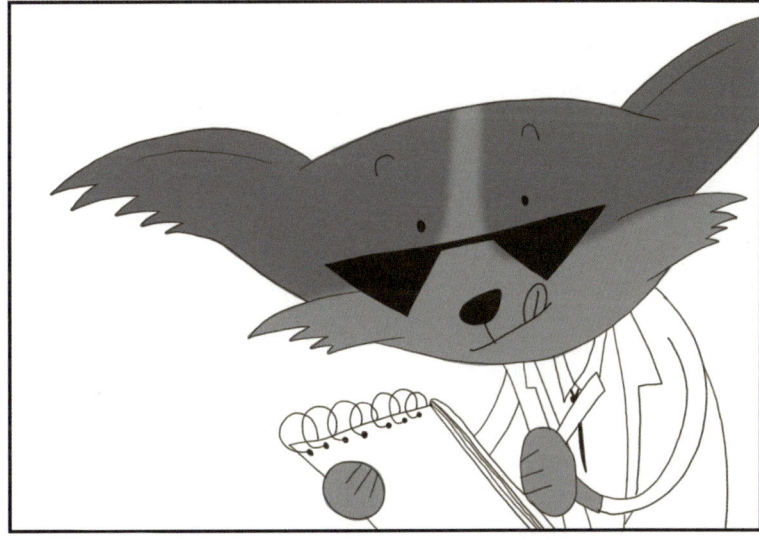

코비신이 시키는 대로 해야만 한다

그렘린들은 장로님 집에 모여 서로 이야기를 하고 있었어요.

"저들은 정녕 마마신과 같은 역신들이란 말이오?"

"그렇소."

"아니, 도대체 왜 마마신이나 코비신 같은 역신들이 우리 마을을 찾아오는 걸까요?"

초록이 그렘린이 한숨을 푹 내쉬며 말했어요.

"우리가 새로운 공장을 지을 때마다 들판과 마을은 병들어 가고 있소. 동물들이 검은 연기와 더러운 물, 그리고 쓰레기 때문에 힘들어 하고 있어요."

"그렇다고 해도 코비신이 왜……?"

"들판의 동물들이 죽어 가는 것에 대한 복수를 하겠다네요."

그렘린들은 입을 불퉁거렸어요. 그렇다고 해서 공장을 멈출 수는 없었어요. 그렘린들은 늘 새로운 물건이 필요하고 새로운 음식을 먹어야 하고 새로운 옷을 입어야 하니까요.

"그렇다면, 이거 진짜 큰일 아닌가? 그들이 무슨 행패를 부릴지 모르는 일이오."

"공장을 멈출 수는 없어. 무언가 다른 대책을 세워야만 해요."

그렘린들은 일제히 약제사 그렘린을 바라보았어요.

"지금 당장 저 코비신을 몰아낼 약이 있소?"

"그래요. 마마신도 우리가 없앴잖아요!"

약제사 그렘린은 고개를 흔들었어요. 이미 차에 신비의 물약을 타서 손님들에게 주었지만 전혀 약효가 없었어요.

"아니 그럼, 이제 우리는 어떻게 해야 하지?"

"여러분, 포기하지 말고 새로운 약물을 찾아봅시다."

"저들을 쫓아낼 신통한 방법이 있을 거요."

장로님 집에서는 오랫동안 이야기 소리가 끊기지 않았어요. 코비신들을 마을에서 내쫓을 방법을 얼른 찾아야만 했어요.

한편 밥을 실컷 먹은 코비신 가족은 마을을 구경하러 나왔어요. 어슬렁어슬렁 마을을 돌아다니다가, 어린 그렘린들과 길에서 마주치게 되었어요.

어린 그렘린들은 깜짝 놀랐어요. 엄마 아빠에게 코비신들이 얼마나 무섭고 나쁜 녀석들인지 이야기를 들어 잘 알고 있었거든요. 그렘린들을 아프게 하는 병을 퍼뜨린다니, 저런 녀석들이 마을을 돌아다니는 걸 가만히 보고 있을 순 없었어요. 화가 난 어린 그렘린은 돌멩이를 던졌어요.

"저리 꺼져. 너희 마을로 썩 돌아가라고."

다행히 코비신 가족은 돌멩이에 맞지는 않았어요. 하지만 너무 기분이 나빴죠. 따라 나온 어른 그렘린이 놀라서 사과를 했지만 소용이 없었어요.

"죄송합니다. 아직 어린 아이들이라 아무것도 몰라서 그래요.

제발 용서해 주세요."

"감히! 우리에게 돌멩이를 던지다니!"

돌멩이를 던진 어린 그렘린은 놀라 달아났지만 얼마 가지 못하고 넘어졌어요. 온몸에서 열이 나고 머리가 깨어질 듯 아팠어요. 코비신들이 마법을 부린 거였죠. 돌멩이를 던진 어린 그렘린뿐만 아니라 그 주변에 있던 다른 그렘린들도 모두 병에 걸렸어요.

그때 장로님이 한달음에 달려와서 미안하다고 했어요. 하지만 코비신들은 펄펄 뛰면서 더 화를 냈어요.

"흥, 그딴 사과를 백 번 하면 무엇 하나?"

"맞아, 당장 공장에서 검은 연기를 내뿜지 못하게 해."

코비신들은 괜히 심통을 부리기도 했어요.

"여긴 왜 이렇게 시끄러운 거야. 조용히 하지 못해!"

코비신 가족은 아무것도 없는 동굴에 살아서 그런지 그렘린 마을이 너무 시끄럽다고 생각했어요. 그렘린 마을은 항상 무언가를 만들어 내기 때문에 늘 '뚝딱뚝딱' 하는 소리가 들린답니다. 새로 집도 짓고, 다리도 만들고, 예쁜 공원도 만들고, 빠르게 달리는 차도 만들어야 하니까요. 또 그렘린들은 함께 모여 춤을 추고 노래도 부르는 걸 좋아하죠.

어쩔 수 없이 장로님이 그렘린들에게 당분간은 조용히 지내보자고 했어요. 그렘린들은 되도록 조용히 움직였어요. 좋아하는 춤도 추지 않고 노래도 부르지 않았어요. 공장에서도 물건을 아주 조금씩만 만들어 냈죠.

하지만 코비신 가족은 걸핏하면 시끄럽다고 난리를 쳤어요.

"아무것도 만들지 마!"

"작은 소리라도 내면 모두 병에 걸려 쓰러지게 할 테야."

그렘린들은 바짝 얼어붙었어요. 아파서 쓰러진 그렘린들을 직접 보았기 때문에 코비신들의 능력이 더욱 무서워졌어요. 하지만 아무것도 만들지 말라니요? 공장에서 물건을 만들어 내지 못한다면 그렘린들은 그렘린들답게 살 수 없을 거예요.

그렘린들은 제발 그러지 말라고 부탁을 했지만, 코비신 가족은 들은 척도 하지 않았어요. 오히려 계속 시끄럽게 굴면 마을에 엄청난 전염병을 퍼뜨리겠다고 협박했어요.

마을은 순식간에 조용해졌어요. 공장은 문을 닫았고, 그렘린들도 집 밖으로 나오지 않았어요. 마을이 조용해지자 코비신 가족만신이 났어요.

"이렇게 조용하다니, 마치 우리 들판에 온 것 같구나."

"시끄럽지만 않으면 이 마을에서 오래 살아도 좋을 것 같은데."

"지금처럼 조용히 만들면 되지."

아기 코비신 말에 엄마 코비신도 호호호 웃었어요.

그 말을 옆에서 듣고 있던 그렘린은 등에 식은땀이 났답니다.

'우리 마을에서 오랫동안 살겠다고? 절대 그래서는 안 돼!'

코비신 가족은 그렘린 마을을 산책했어요. 볼수록 신기한 게 많은 그렘린 마을이었으니까요. 마을 공원을 산책하다가 코비신 가족은 쉬려고 바닥에 털썩 주저앉았어요.

"아얏!"

바닥에 앉은 엄마 코비신이 깜짝 놀라 일어났어요. **뾰족한 가시가 있는 줄 알았는데, 바닥에는 가시는커녕 코비신의 엉덩이에 짓눌린 풀만 있었어요.**

"으아악, 엉덩이 아파!"

엄마 코비신이 눈물을 글썽거리자 아빠 코비신은 옆에 있던 그렘린에게 화를 벌컥 냈어요.

"네가 우리를 괴롭히려고 이런 걸 바닥에 심어 놨지?"

이게 무슨 황당한 소리죠?

"아닙니다. 이건 그냥 박하풀이에요."

그런데 이게 웬일일까요. 엄마 코비신이 엉덩이를 문지르면서 말했어요.

"윽, 지독한 풀이다. 고약한 냄새가 나!"

코비신 가족은 모두 코를 틀어막고 도망을 갔어요.

"아하! 이거구나."

코비신을 따라다니던 그렘린은 얼른 박하풀을 뜯어다가 약제사에게 가져다 주었어요.

약제사 그렘린은 박하풀로 약물을 만들었어요. 하지만 코비신 가족은 그저 박하 냄새를 싫어할 뿐, 그걸로 코비신 가족을 완전히 물리칠 순 없었어요. 그래도 그렘린들은 박하를 주머니에 넣어 몸에 달고 다녔어요.

"너희들 왜 이렇게 지독한 냄새를 풍기는 거야?"

코비신 가족은 박하 냄새가 나는 그렘린들에게 가까이 다가오지 않았어요.

지독한 냄새라니, 그렘린들에게 박하 냄새는 상쾌할 뿐인 걸요. 코비신 가족이 가까이 오지 않는다는 것만으로도 그렘린들은 숨통이 트이는 기분이었죠. 마을은 한동안 조용했답니다.

집집마다 커다란 박하 주머니를 매달아 놓았지만, 코비신들은 아랑곳하지 않고 마을을 돌아다녔어요. 그래도 박하 덕분인지 집 안으로는 들어오지 않았지요. 하지만 공장에서 물건을 만들지 못하니, 생활에 필요한 물건들을 제대로 구할 수가 없었어요. 그렘린들은 점점 지쳐 갔어요. 늘 새로운 걸 만들어야만 하는데 아무것도 하지 못하게 되자 우울해졌어요.

그렘린들은 장로님 집으로 모여 들었어요.

"도대체 언제까지 이렇게 지내야 하죠?"

"마을 건너편 다리에 금이 갔어요. 지금 다리를 보수하지 않으면 무너져 내릴지도 모릅니다."

"정원에 물을 주지 않으면 꽃들이 다 시들어 버릴 거예요."

"곧 농산물을 수확해야 하는 계절이 다가오고 있습니다. 추수철에는 아무리 조심을 해도 시끄러운 소리가 날 텐데, 이를 어쩌면 좋나요?"

"무엇인가 근본적인 대책이 필요합니다. 언제까지 코비신들이 시키는 대로 해야 합니까?"

"옳은 말이오. 설사 코비신들에게 두들겨 맞더라도 나는 내 일을 해야겠소."

그때 대장간에서 일하던 그렘린이 말했어요.

"여러분, 지금 제가 지하방에서 조용히 튼튼한 갑옷과 활을 만들고 있습니다. 갑옷을 입으면 코비신의 마법을 막을 수 있어요. 활에 코비신들이 싫어하는 약물을 묻혀서 쏠 수도 있고요. 갑옷과 활이 있다면 우리도 코비신들과 싸워 볼 수 있어요."

대장간 그렘린의 말에 그렘린들은 기뻐하며 박수를 쳤어요.

"언제쯤 갑옷이 완성되나요?"

"그게, 충분히 만들려면 시간이 필요합니다. 한 사람만 갑옷을 입으면 아무런 소용이 없습니다. 적어도 백 개는 만들어야 하는데……. 갑옷을 만들려면 시끄러운 소리가 날 테고, 그 소리를 들으면 코비신들이 달려오겠지요. 조용히 일을 진행하다 보면 시간이 조금 더 걸릴 수도 있습니다."

코비신들을 물리칠 수 있는 갑옷과 활이 만들어진다니, 정말 다행이에요.

그런데 한 그렘린이 말했어요.

"하지만 그러다가 코비신들이 정말 화가 나서 마을에 큰 전염병을 퍼뜨리면 어떻게 하지요?"

한 그렘린은 이런 말도 했어요.

"코비신도 언제까지고 우리 마을에 머물러 있지 못할 거요. 그들도 제 집으로 돌아가는 날이 있겠지요. 그러니 그때까지는 코비신들의 신경을 거스르는 짓은 하지 맙시다."

초록이 그렘린도 말을 보탰어요.

"맞습니다. 코비신들은 공장의 검은 연기 때문에 들판의 동물들이 죽어서 우리 마을로 왔다고 했어요. 이 문제를 해결할 방법도 아직 찾지 못했는데 섣불리 코비신을 공격해서는 안 됩니다."

어떻게 하는 게 좋을지 그렘린들도 알 수가 없었어요.

"공장의 연기도 문제지만 더 심각한 문제는 지금 당장 먹고 살 식량도 떨어지고 있다는 겁니다."

"공장에서 물건을 만들지 못하니, 생필품도 떨어지고 있어요."

"이러다가 굶어 죽겠어요!"

"우리가 시끄러운 소리를 내면 코비신들이 우리 마을을 부숴 버리고 우리를 없애 버릴지도 몰라요. 그러면 갑옷을 입을 그렘린조차 사라지겠지요."

"네, 그렇습니다. 지금은 힘들지만 갑옷이 만들어질 때까지 쥐 죽은 듯 조용히 지냅시다."

"그렇게 할 순 없소. 이렇게 코비신의 말만 들었다간 막상 갑옷이 만들어져도 우리는 싸울 의지가 사라질 거요."

그렘린들은 밤새도록 이야기를 나누었어요. 때로는 다투기도 했어요. 하지만 코비신 몰래 조용히 말을 해야 했기 때문에 크게 싸우는 일은 없었어요.

그렘린들의 의견은 크게 두 가지였어요. **한쪽은 코비신들이 시키는 대로 당분간 조용히 지내자고 했죠.** 서로 필요한 물건들은 나누어 주면서 갑옷과 칼이 만들어질 때까지 기다리자는 거죠.

다른 한쪽에서는 코비신들의 마법에 걸려 병에 걸리더라도 일은 하고 물건을 계속 만들어 내야 한다고 했어요. 이대로 가다간 굶어 죽을지도 모른다고요.

그렘린들은 3일 밤낮으로 의견을 이야기했어요. 서로 생각은 달라도 모두의 목표는 같았어요. 바로 코비신들로부터 그렘린 마을을 지키자는 것이었죠. 그리고 그들은 새로운 방법을 찾았어요.

인문철학 왕 되기

항상 긍정적인 면과 부정적인 면 모두를 생각해 볼 것!

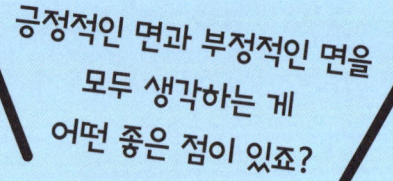

긍정적인 면과 부정적인 면을
모두 생각하는 게
어떤 좋은 점이 있죠?

어떤 결정이나 판단을 할 때는 긍정적인 면과 부정적인 면을 모두 살피는 것이 필요할 것 같다. 그렘린들이 공장에서 몰래 무기를 만들어 내는 것의 장점과 단점은 뭘까?

무기로 싸워서 이기면 코비신들을 몰아낼 수 있죠.

그러다 코비신들에게 걸리면 죽을 수도 있잖아.

그럼 코비신들이 떠날 때까지 참고 기다리는 건 어떤 장점과 단점이 있을까?

좀 더 안전하게 코비신들을 물리칠 수 있어요.

코비신들이 떠나 간다는 보장도 없고, 그러다 굶어 죽을지도 몰라요.

새롬이와 지혜의 생각을 하나로 합칠 수는 없을까?

나쁜 것이 좋은 것보다 강하다?

긍정적인 면과 부정적인 면, 장점과 단점, 좋은 것과 나쁜 것을 치우침 없이 제대로 들여다볼 때 올바른 판단을 할 수 있어.

그런데 우리의 뇌는 그렇게 작동하지 않지.

과학자들의 연구에 따르면 실제로 부정적인 면이나 나쁜 점들이 긍정적인 면이나 좋은 점들보다 우리에게 더 크게 보인다는 거야.

이러한 사실을 보여 주는 재미있는 실험이 있단다. 여기 바퀴벌레와 사과 주스가 있어.

△ 살균되어 병균이 없는 바퀴벌레

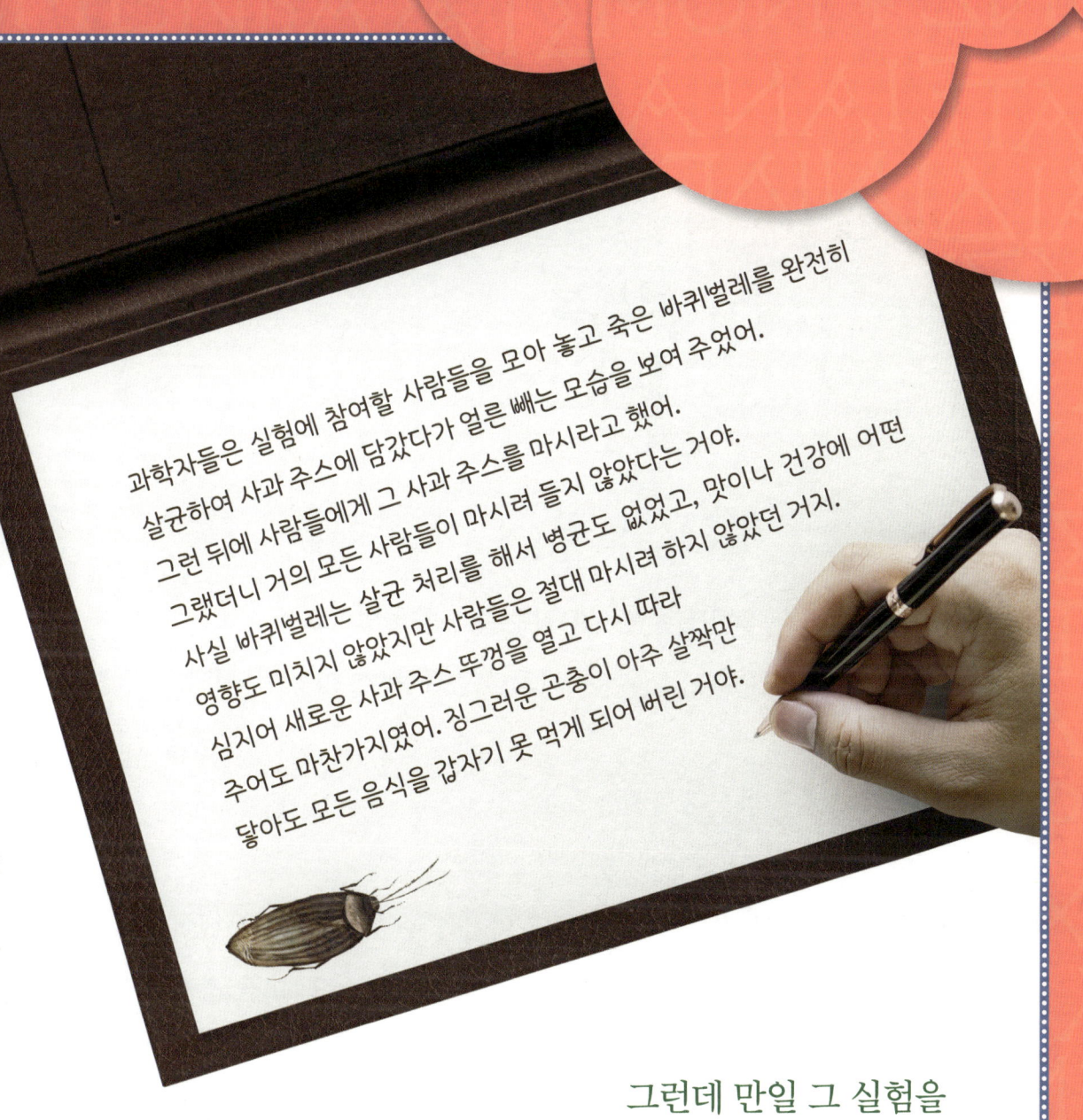

과학자들은 실험에 참여할 사람들을 모아 놓고 죽은 바퀴벌레를 완전히 살균하여 사과 주스에 담갔다가 얼른 빼는 모습을 보여 주었어. 그런 뒤에 사람들에게 그 사과 주스를 마시라고 했어. 그랬더니 거의 모든 사람들이 마시려 들지 않았다는 거야. 사실 바퀴벌레는 살균 처리를 해서 병균도 없었고, 맛이나 건강에 어떤 영향도 미치지 않았지만 사람들은 절대 마시려 하지 않았던 거지. 심지어 새로운 사과 주스 뚜껑을 열고 다시 따라 주어도 마찬가지였어. 징그러운 곤충이 아주 살짝만 닿아도 모든 음식을 갑자기 못 먹게 되어 버린 거야.

그런데 만일 그 실험을
반대로 했다면 어땠을까?

바퀴벌레에 사과 주스를 한 방울 떨어뜨린다면 사람들은 그 바퀴벌레를 먹고 싶어할까? 당연한 말이지만 누구도 그러지 않겠지. 나쁜 점이 많이 있는 것에 좋은 점을 한 가지 추가한다고 해서 나쁜 것이 좋은 것이 되지는 않는단다.

 ## 코비신을 몰아내자

다음 날 아침, 코비신들은 시끄러운 소리를 들었어요.

"아니, 내가 그렇게 조용히 하라고 했는데 누가 이렇게 떠드는 거야?"

"나가서 혼구멍을 내 줍시다."

"다 부숴 버릴 거야."

코비신 가족이 밖으로 나와 보니 마을은 쥐 죽은 듯 조용했어요. 그렘린들이 모두 마을 광장에 모여 있는 듯했어요. 마을 광장에서 시끄러운 음악 소리가 들렸거든요.

"농산물을 거두어 들이는 추수철인가 봐요. 그렘린들은 추수철이 되면 춤을 추고 노래를 한다고 하더군요."

"정말 시끄럽군."

코비신들은 콧김을 쉭쉭 내뿜으며 마을 광장으로 달려갔어요.

"으악! 코비신들이다."

마을 광장에서 춤추고 노래하던 그렘린들이 모두 재빠르게 달아났어요. 하지만 광장 안쪽 건물에서는 여전히 노랫소리가 흘러나오고 있었죠.

"당장 음악을 끄지 못해!"

코비신들은 건물 문을 열고 들어갔어요. 싸한 박하 냄새가 났지만, 코비신들에게 박하 냄새보다 더 싫은 건 즐거운 노랫소리였어요. 즐거운 노랫소리를 들으면 코비신들은 괜히 기분이 나빠졌어요. 코비신들은 어두컴컴한 건물 안쪽으로 들어가 노랫소리가 어디서 들리는지 두리번거렸어요.

바로 그때였어요.

탕! 하면서 건물 문이 닫혔어요. 밖에서 그렘린들이 문을 닫은 거예요. 그리고 코비신들이 밖으로 빠져나오지 못하게 창문과 문에 못을 박았지요.

코비신들은 그제야 함정에 빠졌다는 걸 알았어요. 문을 쾅쾅 세게 두들기고 발로 뻥 차 보았지만 문은 꿈쩍도 하지 않았어요.

"너희들, 내가 밖에 나가면 가만두지 않겠어!"

"너희 마을의 집과 다리를 모조리 부숴 버릴 거야."

"모두 다 두들겨 패 줄 거야!"

코비신들이 돌아가며 악을 쓰고 외쳤지만 아무런 소용이 없었지요. 병에 걸리는 마법도 얼굴을 직접 봐야만 할 수 있었거든요.

"만세~ 만세~ 우리가 이겼다!"

밖에서는 그렘린들이 기뻐하면서 소리를 질렀어요. 이제 정말 즐거운 축제가 시작되었어요. 그렘린들은 밤새도록 광장에서 노래하고 춤을 추면서 기뻐했답니다.

드디어 공장의 기계들도 다시 돌아가기 시작했어요. 정원에서는 시원하게 물줄기가 뿜어져 나와 꽃들을 흠뻑 적셨답니다. 하지만 그렘린들은 마을의 광장을 지나갈 때마다 불안했어요. 광장 안쪽 건물에서 코비신들이 우당탕 난동을 피우는 소리에 '저 녀석들이 건물을 부수고 나오면 어떡하지?'라는 생각이 들었어요.

한편 할머니 코비신은 동굴 속에서 가족을 기다리고 있었어요. '우리 가족이 언제쯤 돌아올까?' 하면서요. 그런데 며칠을 기다려도 아무런 소식도 없는 거예요. 그래서 할머니 코비신은 직접 가족을 찾아가기로 했죠. 코비신들의 뒤를 쫓아가는 건 어렵지 않았어요. 코비신들이 지나간 자리에는 마법의 냄새가 났거든요.

"킁킁. 여기로 지나갔군."

할머니가 그렘린 마을로 들어선 건 어두운 밤이었어요. 그때 할머니 코비신을 본 그렘린이 있었어요.

"으악! 저건 또 뭐지. 코비신들이랑 아주 닮았잖아. 또 다른 코비신이다!"

그렘린은 재빠르게 비상벨을 눌렀어요.

'삐요-삐요-'

요란한 소리에 그렘린들은 잠에서 깨어났어요. 그러거나 말거나 할머니 코비신은 오래지 않아 광장 안 건물을 찾아냈어요.

"아니 이렇게 못질이 가득한 집 안으로 우리 애들이 어떻게 들어갔을까? 참 신통하기도 하지."

할머니 코비신은 창과 문에 박힌 못들을 우두둑 빼냈어요. 그러고는 활짝 문을 열었어요.

"할머니!"

아기 코비신이 달려와 안겼어요. 엄마 아빠 코비신도 코를 훌쩍이면서 건물 밖으로 나왔지요.

"아니, 너희들 살이 왜 이리 쪽 빠진 게냐? 키도 작아졌잖아!"

코비신들은 건물 안에서 물도 밥도 먹지 못해서 덩치가 쪼그라

들었어요. 코비신들은 아무것도 먹지 않아도 죽지는 않아요. 하지만 덩치가 작아지고 힘도 약해진답니다.

이렇게 코비신 가족이 서로 재회의 기쁨을 나누고 있을 때, 그렘린들도 발 빠르게 움직였어요. 그렘린들은 준비해 둔 갑옷과 칼, 화살을 챙겨 들었어요. 갑옷이 없는 그렘린들은 기다란 몽둥이를 들었어요. 건물 밖으로 나온 코비신들이 마을에 전염병을 퍼뜨릴까 봐 걱정이 되었어요. 하지만 그들은 마을이 엉망으로 되는 걸 절대 보고만 있지 않을 거예요. 혹시나 코비신들과의 싸움에서 다치는 사람은 병원으로 옮길 준비도 단단히 하고 있었지요.

이렇게 갑옷을 입은 그렘린들은 하나둘 광장으로 모였어요. 그렘린들이 코비신들을 에워싸자 광장에는 긴장감이 감돌았어요.

코비신 가족도 살짝 겁이 났어요. 이렇게 많은 그렘린들이 자신들을 포위하는 건 처음이었으니까요. 게다가 지금은 아무것도 먹지 못해 힘이 약해졌고요. 마법을 제대로 부릴 수나 있을까요?

"할머니, 나 무서워."

아기 코비신은 할머니 코비신의 손을 꼭 잡았어요.

"아가, 걱정 마렴. 이 할미가 있잖니."

할머니 코비신은 아기 코비신의 손을 토닥여 주었답니다. 그리고서 할머니 코비신은 온몸을 붉게 달구고 두 눈도 시뻘겋게 불태웠어요.
"이놈들. 이 무슨 짓거리냐? 우리는 코비신이다. 감히 우리에게

덤벼들겠다고?"

할머니는 아주 오랫동안 살아왔지만 이렇게 겁 없는 요정들은 처음 보았어요. 저깟 갑옷과 칼, 화살로는 자신들을 죽이지 못한다는 걸 알고 있었죠. 하지만 사돈의 팔촌, 멀고 먼 친척이지만 마마신들이 이 그렘린들에게 죽었다는 소문은 들은 적이 있었어요. 그래도 그렘린들 앞에서 절대 기죽은 모습을 보일 수는 없었어요.

아빠 코비신이 외쳤어요.

"너희들이 먼저 시작한 싸움이다. 후회는 없겠지! 마을을 쑥대밭으로 만들어 주마."

그렘린들은 어이가 없었어요. 코비신들에게 맞고 병에 든 그렘린들이 하나 둘이 아니잖아요.

"너희들이 먼저 우리 그렘린들을 때리고 병들게 했다."

아기 코비신이 외쳤어요.

"검은 연기 때문에 생쥐가 죽었어. 들판의 동물들이 죽어 가는데 그걸 보고만 있으란 말이야!"

엄마 코비신도 말했죠.

"쓰레기도 산 아래로 마구 던지고 있잖아!"

할머니 코비신도 혀를 끌끌 차며 말했어요.

"쯧쯧, 자기 마을만 깨끗하면 다 되는 줄 아는 모양이군."

그렘린들은 입을 꾹 다물었어요. 사실 그들도 검은 연기나 쓰레기가 다른 들판의 동물들에게 문제가 될지는 전혀 몰랐어요.

그때 초록이 그렘린이 외쳤어요.

"저, 코비신님들. 우리는 지금 검은 연기가 멋대로 퍼져 나가지 못하도록 하는 '먼지 모으기' 장치를 만들고 있답니다. 쓰레기도… 곧 재사용할 예정이고요."

사실 그렘린들은 정말 똑똑해서 무언가를 만들려고만 한다면 못 만드는 건 없었어요.

"그러니까, 조금만 기다려 주신다면 검은 연기도 줄어들 테고, 쓰레기도 많이 줄어들 거예요. 그럼 들판까지 연기는 날아가지 않을 거고요."

코비신들은 가만히 생각해 보았어요. 검은 연기를 완전히 없애지는 못했지만 줄여 보겠다고 하는 건 좋은 일인 것 같았어요. 지금은 제대로 싸울 힘도 없으니 일단 기다려 보는 것도 나쁜 일은 아닌 것 같았고요.

"그걸 어떻게 믿지? 너희들은 지금 우리를 없애려고 갑옷을 입고 활을 들고 있는데."

"아닙니다. 이 갑옷과 활은 그저 우리를 보호하기 위해서 가져온 거랍니다."

장로님도 고민에 빠졌어요. 지금 이 기회에 코비신들을 완전히 없애 버리고 싶어 하는 그렘린들도 많았거든요. 하지만 코비신들과의 싸움에서 이긴다는 보장도 없었어요. 싸움으로 인해 마을이 엉망이 되면 어떻게 하죠? 그들의 의견도 존중해야 했어요.

그렘린들은 두 편으로 나뉘어서 토론을 시작했어요.

코비신들과의 전쟁에 찬성하는 의견들

　-코비신이 우리 마을에 와서 얼마나 못된 짓을 많이 했니? 그런 그들을 용서해 줄 순 없어.

　-공장의 연기와 쓰레기는 물건을 만들면 어쩔 수 없이 나오는 것들이야.

　-지금 갑옷과 칼이 있으니 충분히 코비신들을 혼내 줄 수 있어.

　-지금 곱게 코비신들을 보내 주면 이들은 나중에 다시 돌아와 우리를 괴롭힐 수 있어.

코비신들과의 전쟁에 반대하는 의견들

-지금 저들이 조용히 집으로 돌아가겠다고 했잖아. 굳이 싸울 필요가 있을까?

-우리는 새로운 할머니 코비신이 어떤 힘을 가지고 있는지 몰라. 아직은 싸울 때가 아니야.

-어쨌든 전쟁이 나면 많은 그렘린이 다칠 테고, 마을도 망가지겠지. 전쟁 대신 더 이상 코비신들이 들어오지 못하도록 마을을 새롭게 보호해야만 해.

-우리는 검은 연기와 쓰레기를 줄일 수 있어. 검은 연기가 들판을 뒤덮지만 않는다면 코비신들이 다시 우리 마을로 들어올 이유가 없지.

기나긴 토론 끝에 결국 그렘린들은 일단 싸움을 하지 않기로 했어요. 그러기 위해서는 코비신들에게 반드시 검은 연기와 쓰레기를 줄이겠다고 굳게 약속해야만 했지요. 코비신들은 일단 그 약속을 믿기로 했어요. 사실 코비신들도 박하 냄새가 나는 그렘린 마을에는 더 이상 머물러 있고 싶지도 않았어요. 그들이 살던 고향으로 어서 돌아가고 싶었지요. 그래서 코비신 가족은 갑옷을 입은 그렘린들에게 둘러싸여 마을 밖으로 걸어 나갔답니다. 그렘린들은 코비신들이 완전히 사라질 때까지 지켜보았죠. 그리고는 만세를 불렀답니다.

'드디어 끝났어.'

하지만 완전히 끝난 것은 아니었어요. 이제부터 그렘린들은 검은 연기와 쓰레기를 줄이겠다는 약속을 지켜야만 하니까요. 언제든지 다시 코비신들이 불쑥 찾아올 수 있어요. 그렘린들은 다시는 이런 일이 없도록 준비를 시작해야만 해요. 끝은 새로운 시작이니까요.

인문철학 왕 되기

만일 나라면?

내가 그렘린이라면 공장을 포기하지 못할 것 같아. 공장에서 만들어 내는 물건이 그렘린에게 얼마나 편리함을 주는데.

나의 이익을 택하느냐, 더불어 사는 삶을 택하느냐는 오래된 논쟁거리지.

그렇지만, 그것 때문에 들판에 사는 동물들이 피해를 받고 심지어 죽음에까지 이르고 있어.

자신의 이익 때문에 다른 이들에게 피해를 주는 건 분명 문제가 있어.

내가 만약 그렘린이라면, 다른 동물들과 환경을 지키기 위해 공장을 포기할 것인가요?

나는 포기한다.

왜냐하면 _____

_____

_____

_____

나는 포기하지 않을 것이다.

왜냐하면 _____

_____

_____

_____

나의 장점과 단점은?

아래의 그림은 어떤 아이의 뇌 구조입니다. 큰 부분일수록 자신이 가장 확실하게 가지고 있다고 말할 수 있는 장단점이지요. 우리는 항상 마음속의 소리에 귀를 기울여야 해요. 그래야 내가 어떤 사람인지, 앞으로 어떤 미래를 살고 싶은지를 알 수 있어요. 나에게 어떤 장점이 있고, 어떤 단점이 있는지 뇌 구조를 채워 볼까요?

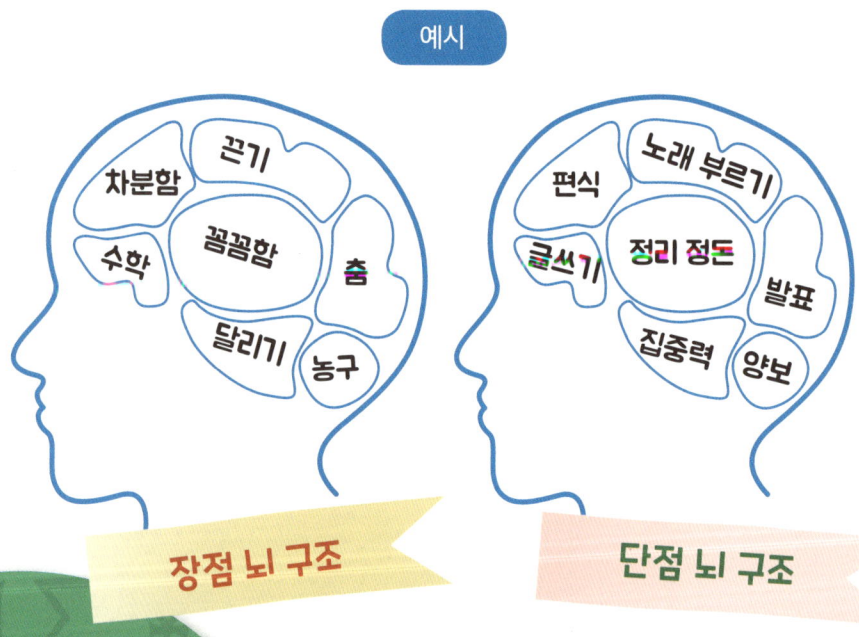

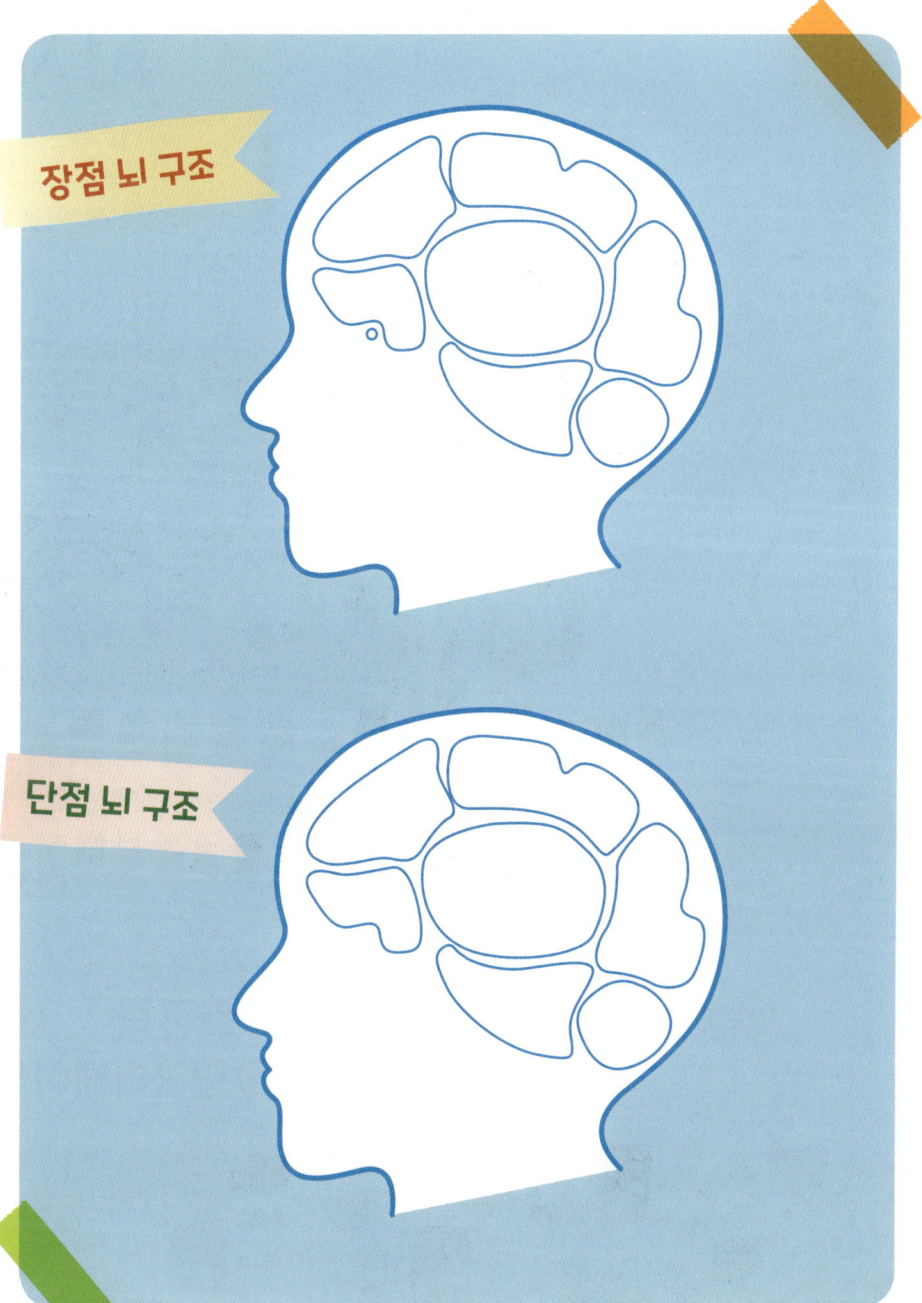

200만 부 판매 돌파!

AI 시대 미래 토론

✅ 뭉치북스가 만든 국내 최초 토론책!   ✅ 초등 국어
✅ 한국디베이트협회와 교

- 01 함께 사는 로봇
- 02 원시인도 모르는 공룡
- 03 더 멀리 더 높이 더 빨리 스포츠 과학
- 04 까만 우주 속 작은 별
- 05 노벨도 깜짝 놀란 노벨상
- 06 지켜라! 멸종 위기의 동식물
- 07 도레미의 과학 수사대
- 08 살아 있는 백두산
- 09 콜록콜록! 오늘의 황사 뉴스
- 10 엇 이런 발명가, 와! 저런 발명품
- 11 아낄수록 밝아지는 에너지
- 12 과학 Cook! 문화 Cook! 음식의 세계
- 13 과학을 훔친 수상한 영화관
- 14 끝없이 진화하는 무서운 전염병
- 15 지구 온난화와 탄소배출권
- 16 먹을까? 말까? 먹거리 X파일
- 17 우리 몸을 흐르는 피와 혈액형
- 18 진짜? 가짜? 가상현실과 증강현실
- 19 두근두근 신비한 우리 몸속 탐험
- 20 우리를 위협하는 자연재해
- 21 불? 가을? 경계가 모호해지는 사계절
- 22 세균과 바이러스 꼼짝 마! 약과 백신
- 23 생태계의 파괴자? 외래 동식물
- 24 콸콸콸~ STOP!!! 우리나라도 위험해요, 소중한 물
- 25 오늘도 나쁨! 작아서 더 무서운 미세먼지
- 26 식량 위기에서 인류를 구할 미래 식량
- 27 썩지 않는 플라스틱! 지구와 인간을 병들게 하는 환경 호르몬
- 28 나와 똑같은 또 다른 나, 인간 복제
- 29 미래의 디지털 첨단 의료
- 30 땅속 보물을 찾아라! 지하자원과 희토류
- 31 농사일부터 우주 탐사까지, 미래는 드론 시대
- 32 알쏭달쏭 미지의 세계, 뇌
- 33 얼마나 작아질까? 어디까지 발달할까? 나노 기술과 첨단 세계
- 34 찾아라! 생명체가 살 수 있는 또 다른 별, 제2의 지구
- 35 배울수록 더 강해지는 인공 지능
- 36 창조론이냐? 진화론이냐?
- 37 다윈이 들려주는 진짜진짜 진화론
- 38 모두모두 소중한 생명! 멈춰요 동물 실험
- 39 유해할까? 유용할까? 생활 속 화학 물질
- 40 46억 년의 비밀, 생명을 살리는 지구
- 41 과학자가 가져야 할 덕목, 과학자 윤리와 책임

이 공부다!

인재를 위한 교과서

과학토론왕
과학토론왕 40권 + 독후활동지 40권
전 80종 / 정가 580,000원

사회토론왕
사회토론왕 40권 + 독후활동지 40권
전 80종 / 정가 580,000원

- 한우리 추천도서
- 경향신문 추천도서
- 경기도 초등토론 교육연구회 추천
- 경기도 지부 독서 골든벨 선정도서
- 환경청의 어린이 환경책 권장도서
- 한국 아동문학인협회 우수도서
- 학교도서관 사서협의회 추천도서

서 선정 도서! ✓ 활용 만점 독후 활동지 각 권 제공!
전문가들이 강력 추천한 책!

01 우리 땅 독도
02 생활 속 24절기
03 세계를 담은 한글
04 정정당당 선거
05 우리의 유네스코 세계 유산
06 좋아? 나빠? 인터넷과 스마트폰
07 함께라서 좋아! 우리는 가족
08 한민족, 두 나라 여기는 한반도
09 너도 나도 똑같이 생명 존중
10 돈 나와라 똑딱! 경제 이야기
11 시끌시끌 지구촌 민족 이야기
12 앗! 조심해! 나를 지키는 안전 교과서
13 바람 잘 날 없는 지구촌 국제 분쟁
14 믿음과 분쟁의 역사 세계의 종교
15 인공 지능으로 알아보는 미래 유망 직업
16 지역 이기주의 님비 현상
17 더불어 사는 다문화 사회
18 함께 사는 세상 소중한 인권
19 세계를 사로잡은 문화 콘텐츠 한류
20 변치 않는 친구 반려동물
21 왕따는 안 돼! 우리는 중용
22 여자? 남자? 같은 것과 다른 것! 성과 양성평등
23 모두가 행복한 착한 초콜릿, 아름다운 공정 무역
24 우리의 이웃사촌! 함께 사는 사회
25 틀린 게 아니라 다른 거라고? 글로벌 에티켓
26 신통방통 지혜가 담긴 우리의 세시 풍속과 전통 놀이
27 출발, 시간 여행! 유네스코 세계 문화유산
28 아이는 줄고 노인은 늘고! 달라지는 인구
29 우리는 하나! 세계로! 미래로! 통일 한국
30 레벨업? 셧다운? 슬기로운 게임 생활, 벗어나요 게임 중독
31 살아 있어 행복해! 곁에 있어 고마워! 소중한 생명
32 나도 크리에이터! 시끌벅적 1인 미디어 세상
33 뚜아뚜아별의 법을 부활시켜라! 생활 속 법 이야기
34 하늘·땅·바다 어디서나 조심조심! 어린이를 위한 교통안전
35 함께 만들어요! 함께 누려요! 모두의 사회 복지
36 위아더월드, 도움의 손길이 필요해요, 세계 빈곤 아동
37 환경 덕후 오총사가 간다, 지켜라! 지구 환경
38 전쟁 NO! 평화 YES! 세계를 이끄는 힘, 국제기구
39 더 멀리, 더 빠르게! 미래 교통과 통신
40 알아서 척척, 똑똑한 미래 도시, 꿈의 스마트 시티

수학이 쉬워지고, 명작보다 재미있는
뭉치수학왕

100만 부 판매 돌파!

 +

"인공지능(AI) 시대의 힘은 수학에서 나온다!"

개념 수학

〈수와 연산〉
1. 양치기 소년은 연산을 못한데
2. 견우와 직녀가 분수 때문에 싸웠대
3. 가우스, 동화 나라의 사라진 0을 찾아라
4. 가우스는 소수 대결로 마녀들을 물리쳤어
5. 앨런, 분수와 소수로 악당 히들러를 쫓아내라
6. 약수와 배수로 유령 선장을 이긴 15소년

〈도형〉
7. 헨젤과 그레텔은 도형이 너무 어려워
8. 오일러와 피노키오는 도형 춤 대회 1등을 했어
9. 오일러, 오즈의 입체도형 마법사를 찾아라
10. 유클리드, 플라톤의 진리를 찾아 도형 왕국을 구하라
11. 입체도형으로 수학왕이 된 앨리스

〈측정〉
12. 쉿! 신데렐라는 시계를 못 본대

13. 알쏭달쏭 알라딘은 단위가 헷갈려
14. 아르키는 어림하기로 걸리버 아저씨를 구했어
15. 원주율로 떠나는 오디세우스의 수학 모험

〈규칙성〉
16. 떡장수 할머니와 호랑이는 구구단을 몰라
17. 페르마, 수리수리 규칙을 찾아라
18. 피보나치, 수를 배열해 비밀의 방을 탈출하라
19. 비례배분으로 보물섬을 발견한 해적 실버

〈자료와 가능성〉
20. 아기 염소는 경우의 수로 늑대를 이겼어
21. 파스칼은 통계 정리로 나쁜 왕을 혼내 줬어
22. 로미오와 줄리엣이 첫눈에 반할 확률은?

〈문장제〉
23. 개념 수학-백점 맞는 수학 문장제①
24. 개념 수학-백점 맞는 수학 문장제②
25. 개념 수학-백점 맞는 수학 문장제③

융합 수학
26. 쌍둥이 건물 속 대칭축을 찾아라(건축)
27. 열차와 배에서 배수와 약수를 찾아라(교통)
28. 스포츠 속 황금 각도를 찾아라(스포츠)
29. 옷과 음식에도 단위의 비밀이 있다고?(음식과 패션)
30. 꽃잎의 개수에 담긴 수열의 비밀(자연)

창의 사고 수학
31. 퍼즐탐정 쎌렁홈즈①-외계인 스콜피오스의 음모
32. 퍼즐탐정 쎌렁홈즈②-315일간의 우주여행
33. 퍼즐탐정 쎌렁홈즈③-뒤죽박죽 백설 공주 구출 작전
34. 퍼즐탐정 쎌렁홈즈④-'지지리 마란드리' 방학 숙제 대작전
35. 퍼즐탐정 쎌렁홈즈⑤-수학자 '더하길 모테'와 한판 승부

36. 퍼즐탐정 쎌렁홈즈⑥-설국연차 기관사 '어리도 달리능기라'
37. 퍼즐탐정 쎌렁홈즈⑦-해설 및 정답

수학 개념 사전
38. 수학 개념 사전①-수와 연산
39. 수학 개념 사전②-도형
40. 수학 개념 사전③-측정·규칙성·자료와 가능성

독후 활동지

본책 40권+독후 활동지 7권
정가 580,000원